XVII

ESQUISSES

sur la Justice Musulmane

EN ALGÉRIE

PAR

C. FRÉGIER

Président du Tribunal de 1re instance de Setif

Nec citrà, nec ultrà

CONSTANTINE

IMPRIMERIE ET LIBRAIRIE DE Ve F. GUENDE

1862

ÉTUDES LÉGISLATIVES ET JUDICIAIRES.

XVII

ESQUISSES

sur la Justice Musulmane

EN ALGÉRIE

PAR

Président du Tribunal de 1re instance de Setif

Nec citrà, nec ultrà !

CONSTANTINE

IMPRIMERIE ET LIBRAIRIE DE Vᵉ F. GUENDE

1862

Nec citrà, nec ultrà !

—————

Après plusieurs essais, plus ou moins heureux, d'organisation de la justice musulmane, le législateur algérien semble avoir tenté un dernier et suprême effort pour constituer sur des bases, sinon tout à fait neuves, du moins, en grande partie, rajeunies en même temps que plus larges, plus progressives, plus rationnelles et, à tout prendre, vraisemblablement plus solides et plus durables, une organisation de beaucoup préférable à toutes les organisations précédentes.

La date et la nature du décret du 14 janvier 1860, les circonstances graves qui l'ont provoqué, les besoins nombreux auxquels il a eu pour objet de répondre, le progrès judiciaire, dont, à bon droit, il est tout à la fois la consécration pour le passé, et le présage pour l'avenir; — que de motifs pour l'homme qui veut coopérer pour sa part, si faible soit-elle, à la prospérité juridique de l'Algérie, d'en étudier l'économie générale, d'en analyser les détails, en un mot, d'en apprécier la pensée, la portée et le but!

Déjà, depuis plus d'un an, ce décret est exécuté parmi nous. L'arbre, s'il est permis de parler ainsi, commence à porter ses premiers fruits. Le moment nous paraît donc opportun pour nous livrer à l'examen critique de cet important document de la législation algérienne.

Notre intention n'est pas d'écrire un commentaire, et moins encore un traité sur ce décret, mais seulement d'en signaler à l'attention publique et aux méditations des magistrats, des jurisconsultes et des administrateurs de notre colonie, les vices, les imperfections, les lacunes, comme aussi le principe progressif, les tendances généralemer sages et civilisatrices, et les utiles conséquences.

A notre connaissance, aucun travail n'a été jusqu'ici composé sur ce décret; le nôtre n'aspire qu'au modeste honneur de précurseur de ceux qui, sans doute, le seront plus tard par de plus savants et de plus habiles que nous.

A d'autres de creuser de profonds sillons sur ce sol aussi fécond que vaste! Nous ne voulons, nous, qu'en effleurer la surface.

C. FRÉGIER,
Président du Tribunal civil de 1re instance de Setif.

Alger, le 20 août 1861.

ESQUISSES

SUR LA

JUSTICE MUSULMANE

EN

ALGÉRIE

De même que toute la législation musulmane rayonne autour du *Coran*, le Livre par excellence, le Code civil et religieux des disciples de Mahomet, ainsi tout le système judiciaire des enfants de l'Islam converge vers un point unique et central, vers le magistrat chargé de l'application de la loi, vers le *Cadi*.

Aussi pourrait-on dire qu'à certains égards, toute question de justice, et par là même de législation chez les Musulmans, ne se présente, en quelque sorte, qu'au second plan de la pensée, — comme si directement ou indirectement, elle se résumait en une simple question de *Cadiat*.

Nous appelons ainsi tout ce qui concerne les droits et

les devoirs du magistrat judiciaire qui porte le nom de cadi.

Le *Cadi* est chez les musulmans ce qu'était le *préteur* chez les Romains : — un juge, sans doute, et plus qu'un juge, une espèce de législateur, une incarnation vivante de la Justice, du droit et de la loi.

Ab Jove principium ! Commençons donc ces esquisses par dire ce qu'est le cadi, et ce qu'il doit être, tant d'après la loi musulmane qu'aux yeux de la législation française.

I.

DU CADI EN ALGÉRIE

Qu'est-ce qu'un cadi ? et que doit-il être ?

Question singulière, nous dira-t-on ! — un cadi, c'est un magistrat établi pour décider les litiges judiciaires et pour constater les conventions entre musulmans ; c'est un juge et un notaire musulman, — qui ne sait cela ?...

Très-bien !... Mais que doit *être* et que doit *faire* un cadi, pour être un *véritable* juge et un *digne* notaire musulman ?

Voilà ce que généralement on ignore, tout en croyant le savoir, et sur quoi on chercherait vainement une seule ligne, un seul mot dans notre législation organique de la justice musulmane, sans en excepter même le décret précité.

Chose étrange !.... Depuis plus de 30 ans, le cadi musulman fonctionne au milieu de nous, sous nos yeux, dans toute l'étendue de l'Algérie, sur les limites du désert tout comme aux abords de la grande mosquée d'Alger, et jamais, ni dans un texte de loi, ni dans un rapport destiné à en révéler l'esprit, jamais il n'est venu à la pensée du pouvoir, de constater, d'énumérer, pour les imposer aux aspirants ou candidats du *cadiat*, les conditions exigées par la loi musulmane de quiconque qui désire en exercer les fonctions.

Nous comprendrions cela à merveille, si le législateur français les avait soumis à des conditions particulières pouvant, jusqu'à un certain point, remplacer celles que requiert le législateur musulman! Mais, si je ne me trompe. officiellement du moins, rien de semblable n'a été fait, ni même tenté.... De sorte qu'aujourd'hui encore, de même qu'au lendemain de la Conquête, le choix des cadis est ou paraît entièrement abandonné à *l'arbitraire appréciation* du pouvoir.

Et quand nous disons *arbitraire,* nons ne voulons pas parler du *sic volo, sic jubeo* qu'on a quelquefois et, suivant nous, presque toujours à tort, reproché au gouvernement de la colonie.

Non! nous croyons, et nous savons qu'en tant que la chose a dépendu de lui, il s'est efforcé de prendre, parmi les musulmans, les hommes qu'il a jugé les plus aptes à occuper le siége de cadi. S'il s'est trompé quelquefois, et malheureusemeut il n'est pas possible de le nier, ç'a été à son insu, sans s'en douter, contrairement à sa volonté bien connue.

Donc, à nos yeux, *appréciation arbitraire* signifie seulement désignation hors de toute règle, de toute limites, de toutes conditions tracées et déterminées d'a-

vance par une loi organique, des individus qui, pour être
à la hauteur des fonctions judiciaires et notariales qui
leur sont confiées, ont besoin d'être doués de certaines
qualités *intellectuelles* et *morales* sans lesquelles il est
difficile, pour ne pas dire impossible, qu'ils ne soient
exposés à des erreurs ou à des fautes non moins préju-
diciables à la dignité de la justice qu'aux intérêts des
justiciables.

Je comprendrais, à la rigueur, que confiante dans les
usages et les traditions des musulmans, la France leur
eût dit : Non seulement je maintiens vos lois et vos magistrats, mais encore le droit et le pouvoir d'élire ces
derniers, si leur nomination est le résultat de l'élection ;
et, dans tous les cas, je ne les nommerai ou je ne les
instituerai que conformément aux prescriptions de vos
lois ou des miennes.

Un pareil langage eût été parfaitement logique, et s'il
l'avait tenu, le législateur français n'eut pas encouru le
reproche que nous nous croyons en droit de lui adres-
ser, et que nous formulerions volontiers en ces termes :

« Vos cadis peuvent être créés, et sont créés en effet
en vertu de votre seule omnipotence, sans aucune garantie légale, sans autre condition de capacité et de moralité que celles que vous leur supposez sur des renseignements souvent incomplets, presque toujours inexacts,
quelquefois erronés, et dont le trop fréquent inconvé-
nient est d'investir des fonctions de cadi des hommes
qui en sont incapables ou indignes. »

Sans doute, et surtout dans les premiers temps de la
Conquête, on ne dut ni laisser le choix des cadis aux

Indigènes, ni imposer à ces magistrats des conditions qu'on ne connaissait pas encore.

En pareille circonstance, leur nomination dut n'appartenir qu'au Pouvoir, et comme le pouvoir était forcé de s'en référer, à cet égard, aux indications et aux renseignements de ses conseillers, je conçois sans peine que cette nomination ait dû, grâce à des circonstances exceptionnelles, être tout d'abord son apanage exclusif et nécessaire.

Mais ce que je ne conçois pas, c'est que plus tard, quand le développement de la Colonie permit l'application, pour cette nomination, des règles de la loi musulmane ou des prescriptions de la loi française, ce même pouvoir soit resté purement et simplement en possession de cette prérogative, d'autant plus extraordinaire, que le pouvoir déchu, le gouvernement turc, malgré sa nature éminemment despotique, n'en jouissait certainement pas.

Et pourtant, il est bon de le constater de nouveau, et pourtant, à l'heure qu'il est, les choses sont encore, sous ce rapport, sauf de légères différences, ce qu'elles étaient en 1830 ! — et s'il est vrai que le pouvoir soit aujourd'hui en mesure de nommer les magistrats musulmans, après plus amples et plus sûres informations, il n'est pas moins vrai qu'il continue à les nommer en l'absence de toute règle et de toute prescription légale, obligatoire, précise, et en dehors de toute garantie proprement dite !

N'est-il pas temps de mettre un terme à cet état de choses ?

Qui en doute?... — Un décret de quelques lignes suffirait pour cela.

Mais avant tout, il importe de prouver que ce que nous demandons est possible.

Or, rien n'est plus facile.

De deux choses l'une :

Ou vous voulez faire des cadis des magistrats *à la française*, dont l'institution serait organiquement régie par la loi française; et alors, *mutatis mutandis*, vous n'auriez qu'à le déclarer par une disposition supplémentaire de cette même loi;

Ou bien, et jusqu'à nouvel ordre il en sera forcément ainsi, ou bien, vous voulez conserver à leur égard, les us et coutumes musulmans, ou si vous aimez mieux la loi musulmane, et alors il ne vous reste plus qu'à les recueillir et à les appliquer.

Dans cette dernière hypothèse, qui est, nous le démontrerons bientôt, celle de notre décret, il importe de les faire connaître telles que nous les avons trouvées dans les documents les plus autorisés aux yeux des musulmans du rit le plus universellement suivi en Algérie, du rite Maleki.

Tout d'abord, recourons à la source la plus authentique et la plus vénérée.

Ouvrons le *Moktasser* de *Sidi Khélil.*

Ce savant jurisconsulte a consacré plusieurs chapitres de son remarquable *Précis de jurisprudence* à l'énumération détaillée des qualités que doit réunir un cadi.

On pourrait assurément s'en tenir là. Mais pour offrir, sur cet important sujet, un ensemble de doctrines aussi complet et aussi satisfaisant que possible, nous y joindrons l'opinion de certains jurisconsultes et l'enseignement de certains ouvrages qui, pour avoir moins d'autorité que Sidi Khelil et son chef-d'œuvre, ne laissent pas que de jouir parmi tous les musulmans, en général, et les musulmans Malekis en particulier, d'un crédit incontesté et d'une estime justement méritée.

Ce travail n'aura pas seulement pour but de présenter un intérêt de vaine curiosité ou de stérile érudition, mais bien encore de mettre le législateur français en mesure de savoir si ou non les candidats aux fonctions judiciaires musulmanes de l'Algérie, se trouvent dans les cas prévus par la loi musulmane, ou tout au moins, si, en faisant la part de toutes choses, et notamment de l'ignorance assez générale des musulmans de l'ancienne Régence, il lui serait possible de les assimiler, si, non de les identifier, au point de vue des conditions à remplir, avec les candidats de la magistrature française et algérienne.

Quoiqu'il en soit, voici d'après Sidi Khelil quelles sont les qualités des cadis ou juges.

Nous suivrons pas à pas, mais toutefois en l'abrégeant, l'estimable traduction de M. le docteur Perron (*).

Les fonctions de cadi ne doivent se confier qu'à des individus,

Aptes à témoigner en Justice, c'est-à-dire, pubères, sains d'esprit, irréprochables dans leur conduite ;

(*) Précis de jurisprudence, tome V, p. 124 et §§, chapitre XXXVIII, section 1re, §§. 1er.

Du sexe masculin;

Doués de sagacité;

Habiles à interpréter, à combiner et à appliquer les textes, de loi en général, où, tout au moins, qui connaîtraient le plus profondément possible, la loi du rite auxquels ils appartiennent.

Ils ne doivent être ni aveugles, ni sourds, ni muets, et ils doivent savoir lire et écrire.

D'après la loi hanéfite, et autant qu'il est permis d'en juger par quelques passages du *Traité des lois musulmanes du Décan*, le cadi doit encore être de condition libre, d'un âge mûr, posséder à fond la langue arabe, connaître parfaitement le koran, et ses commentateurs, savoir distinguer les dispositions abrogeantes de la loi, de ses dispositions abrogées, et résoudre toutes les questions qui peuvent s'élever au sujet des décisions rendues par l'assemblée des quatre imans, Hanéfi, Maléki, Schafi et Hambol.

Telles sont les qualités essentielles, obligatoires, rigoureuses, du cadi.

Voici maintenant celles qu'on peut encore exiger de lui, mais seulement à titre de *convenances*, et comme étant de nature à lui faire accorder la préférence sur tous concurrents qui ne les possèderaient pas.

Il convient qu'un Cadi soit consciencieux et sévère observateur de la loi, — qu'il jouisse d'une certaine aisance, — qu'il soit calme et bienveillant, — qu'il sache garder sa dignité, — qu'il soit d'une famille connue et bien famée, — qu'il ne dédaigne pas de consulter, au besoin, de moins instruits que lui, — qu'il n'ait pas de dettes, — qu'il n'ait subi aucune des peines *définies* et fixées par la loi, soit pour cohabitation illicite, soit pour outrages et injures, — soit même pour quelque faute ou méfait n'entraînant pas de peine *définie*.

Ce n'est pas tout; il convient, en outre, que le Cadi ne soit pas trop subtil et ne pousse pas la finesse jusqu'à la ruse, — qu'il n'ait pas un caractère trop soupçonneux, — qu'il évite tous rapports et toutes relations avec ses justiciables.

Nous passons à dessein une foule d'autres qualités ou conditions, soit de nécessité *de convenance*, soit de nécessité de *précepte*, que Sidi Khélil expose dans son livre, et que ses commentateurs expliquent avec une complaisance et un luxe de détails qui rappellent certains traités de Morale scholastique.

Mais nous croyons en avoir dit assez pour convaincre nos lecteurs que, si on y regarde de près, on s'aperçoit bien vite que la plupart des prescriptions légales ou des dispositions disciplinaires énoncées par le jurisconsulte musulman, ne diffèrent presque en rien des dispositions de nos règlements et des prescriptions de nos lois touchant nos magistrats en général, spécialement des membres de la magistrature assise, et parmi ceux-ci, le juge de paix, — de tous nos magistrats, celui qui se rapproche le plus de ce juge unique que la loi musulmane à nommé *Cadi*, parcequ'il est chargé de rendre la justice distributive (Cada).

Mais, s'il en est ainsi, n'avons nous pas le droit d'être étonné qu'aucune de nos nombreuses ordonnances, qu'aucun de nos nombreux décrets sur l'organisation de la justice musulmane, ou relatifs à la justice musulmane n'ait dit un seul mot de ce dont la loi musulmane s'est occupée avec un soin, en quelque sorte, méticuleux?

Pour ne parler que du décret du 14 janvier 1860, le dernier de tous, nous avons eu beau le lire et le relire, nous n'y avons rien vu, rien absolument, concernant l'organisation du *cadiat*.

On y parle souvent, très-souvent des cadis, de leur compétence, des formes et de l'exécution de leurs jugements, des actes qu'ils ont le droit de dresser, et des dépôts qui peuvent être faits entre leurs mains, etc., etc. Mais encore une fois, impossible d'y rien lire, ni même d'y rien pressentir qui, de près ou de loin, se rapporte aux conditions organiques de leur institution!

Et notez que ce que nous disons du Cadi, nous le disons également des officiers ou auxiliaires qui lui sont *donnés*, ou *plutôt conservés* par la loi française à titre de *suppléants*, *remplaçants* ou substituts, et qui, sous le nom d'*adels* ou *adouls*, de *talebs* ou *tolba* ou de *naïbs* composent presque tout le personnel de la *mahakma* des Cadis.

On nous opposera peut-être que tous les fonctionnaires sont, aux termes de l'art. 12 du décret de 1859, *nommés*, *suspendus* ou *révoqués* par arrêté du ministre de l'Algérie et des Colonies, aujourd'hui par le Gouverneur général, et que, d'après le même article, ils ne peuvent entrer en fonctions qu'après avoir prêté le serment de nos magistrats.

On ajoutera, sans doute que l'art. 7 du même décret soumet les tribunaux indigènes à la surveillance du Premier-Président de la Cour Impériale et du Procureur-Général en territoire civil, et, en territoire militaire, à cello de ces magistrats et du Général commandant la division de la province.

Bien plus, pour mieux démontrer que le décret n'a pas négligé ce qui a trait aux magistrats musulmans, on pourra nous citer, en outre, l'art. 8 qui les couvre de l'égide d'une autorisation préalable du Ministre ou Gouverneur général de l'Algérie, s'il s'agit de les tra-duire en justice pour actes relatifs à leurs fonctions.

Et de tout cela, on concluera que le décret est loin d'être muet sur les règles organiques de l'institution du Cadi et de ses substituts.

Mais qu'est-ce que cela prouve?

Que le législateur français s'est occupé d'eux avec une certaine sollicitude, et qu'il a entendu les assimiler, dans les limites du possible, aux magistrats français?

Nous en convenons. Mais là n'est pas la question!

Oui ou non, était-il bon, que dis-je? était-il néces-saire de soumettre directement, formellement, à des ga-ranties et à des conditions *organiques*, la *nomination*, et non pas seulement la *conduite* des Cadis et des membres de leur mahakmas?

Si oui (et comment répondrait-on *non?*) pourquoi ne l'a-t-on pas fait? Pourquoi, du moins, n'a-t-on pas promis de le faire!

Car enfin, qu'est-ce que le décret de 1860?

Qu'on nous permette une expression qui rend très-exactement notre pensée, ce décret, si on l'envisage sous le double aspect du passé et de l'avenir, n'est au-tre chose qu'une sorte de *concordat*, entre la Justice musulmane et la Justice française, entre la loi indigène et la loi de France, et, à bien des égards, entre le Koran et l'Evang.

Pourquoi donc, absolument muet sur les conditions de nomination au cadlat, ne porte-t-il pas lui-même, sur ce point, le germe d'articles organiques ? C'était pourtant chose bien facile, — si facile que nous ne serions pas étonné qu'un esprit habile dans l'art de presser les mots, pour en faire sortir le sens qu'ils ne contiennent pas, prétendit sérieusement qu'elle est toute faite dans l'art. 9 de notre décret.

Cet article est ainsi conçu : « Un règlement spécial de notre Ministre de l'Algérie et des Colonies, détermine les *conditions* et le mode *selon lequel* sont *rémunérés* ou *retribués* les membres des tribunaux indigènes, ainsi que les agents qui y sont attachés. »

Les conditions ! Qu'est-ce à dire ?

Sont-ce les *conditions* de candidature et de nominations judiciaires, celles-là même que nous sollicitons ?...

Evidemment non ! et c'est ce qui résulte de la combinaison de l'art. 9 avec l'article 12.

Ou nous nous trompons étrangement, ou ce mot ne peut et ne doit grammaticalement s'entendre que *des conditions de rémunération* ou de *rétribution.*

L'entendre d'autre chose, ce serait lui assigner arbitrairement un sens et une portée qu'il n'a pas et qu'il ne peut avoir.

Or, nous le répétons, quoi de plus facile que d'insérer dans l'art. 9 la promesse du décret organique du *cadiat* algérien ?

Pour cela, il n'y avait qu'à faire entrer un mot ou un verbe de plus dans cet article ; il parle des conditions et du mode selon *lequel* seront *rénumérés* ou *retribués* les membres des tribunaux indigènes. Eh bien ! il s'agissait tout simplement de parler aussi des conditions et du mode selon *lesquels* ils seraient *nommés*.

Rien de plus ! mais rien de moins !

C'est là précisément ce que nous demandons.

Nous espérons d'autant plus l'obtenir, qu'à notre avis, malgré le silence du décret, il est naturel de supposer que telle a été l'intention de ses rédacteurs, et que tel est aussi l'esprit de sa rédaction.

Et, en effet, le but de ce décret est une *nouvelle organisation* de la justice musulmane ; le but de son *livre* 1er et principalement de ses dispositions préliminaires, c'est *l'organisation* des tribunaux civils musulmans, — et le couronnement de ces dispositions préliminaires, c'est cet article 9 dont nous venons de parler.

Mais que serait une organisation de la *Justice*, sans l'organisation des *Justiciers ?* — Que serait une organisation des tribunaux, sans l'organisation de ses membres ?

Plutôt que d'admettre que la pensée du décret n'a pas été d'établir ultérieurement les règles de cette organisation *personnelle*, corollaire nécessaire de l'organisation *réelle* de la justice et des tribunaux algériens, nous consentirions, mais en reprochant à l'art. 9 un énorme vice de rédaction, à la voir clairement indiquée dans le mot *condition* de cet article.

Nous y consentirions d'autant plus volontiers que l'adoption de cette interprétation nous donnerait, dès à présent, pleine satisfaction sur une partie de notre demande, et qu'elle nous permettrait de ne plus réclamer que la *révision* et la *correction* grammaticale de cet article, pour combler la grave lacune que nous avons cru devoir signaler à la haute attention de l'Autorité.

En résumé, dans l'intérêt de la justice et des justiciables indigènes, non moins que dans l'intérêt de la France à qui il importe de prouver aux musulmans de l'Algérie, qu'elle a à cœur de leur donner pour organes de la Justice et du Droit, des magistrats dignes de l'être, et par la moralité de la conduite et par l'autorité de la science, nous sollicitons pour le décret de 1860, sur l'organisation de la justice musulmane, un supplément qui édicte sans retard, les conditions de nominations des Cadis et de leurs Adels, ou qui promette de les établir et de les fixer pour un prochain avenir.

A ce prix, mais à ce prix seulement, le décret de 1860 atteindra l'un des trois buts qu'il s'est proposé et qui est, pour parler le langage de M. de Chasseloup-Laubat, à la fin de son rapport à l'Empereur, touchant ce décret, — de prévenir les abus, et de les réparer au besoin, — de populariser les idées de droit, — et d'inspirer le respect de la justice.

Nous pourrions aborder maintenant les *devoirs* du Cadi, et dire, à ce propos, en quoi consistent ses fonctions. Mais il nous semble plus logique d'exposer immédiatement quel a été et quel devrait être le mode de nomination ou d'institution de ce magistrat.

Ne perdons pas de vue le but qu'a voulu atteindre le

législateur français en organisant la Justice musulmane.

Ce but, tel qu'il nous apparaît à la simple lecture des rapports qui ont déterminé les actes du Gouvernement relatif à cette organisation, et surtout tel que nous le révèlent plusieurs des dispositions les plus importantes du décret du 14 janvier 1860, — ce but, dis-je, n'a pas été seulement de maintenir, même en la *régularisant*, et en *l'améliorant*, dans un éternel *statu quo* la Justice musulmane, mais aussi et par dessus tout, de ménager une sorte de transition entre cette justice considérée au point de vue de ce qu'elle avait été sous le despotisme des Turcs, et cette même justice envisagée sous le rapport de ce qu'elle devait être sous le gouvernement français.

Bien plus, comme il serait tout à la fois contraire au génie, aux traditions, aux aspirations, disons mieux, à la mission providentielle de la France, de laisser imparfait ce qui est susceptible de perfection, de repousser en arrière des institutions destinées à progresser, en un mot, de ne pas s'assimiler, moins au nom du droit de conquête qu'au nom du droit de civilisation, les éléments similaires qu'elle rencontre chez les peuples conquis, et sur lesquels, nouvel Ézéchiel, elle n'a, pour ainsi dire, qu'à souffler pour enfaire des éléments nouveaux, plus ou moins imparfaits d'abord, puis plus ou moins semblables, et enfin, en quelque sorte, identiques aux éléments correspondants de nos institutions, de nos lois et de nos mœurs, — nous pouvons hardiment affirmer que sa tâche ne saurait se borner à opérer entre ces élé ments divers, et encore confus aujourd'hui , un travail de pure transition.

Que ce travail simplement préparatoire suffise, là où elle vient à peine de poser son pied civilisateur, et qu'elle doive même se résigner momentanément à ne rien tenter au-delà; c'est une de ces nécessités de circonstances qu'il lui faut fatalement subir sous peine de ne laisser derrière elle aucun vestige durable de son action : c'est surtout à l'établissement successif et patient de ses institutions dans un pays nouvellement soumis à son empire que la France peut appliquer, en le modifiant, le mot si sensé et si vrai de l'un de ses plus grands monarques (Henri IV) : « Le temps et moi, rien ne saurait nous résister. »

Mais pour l'ancienne Régence des contrées *Barbaresques*, de ce pays, qu'avec tant de raison on pouvait encore, à bien des égards, appeler *Barbare*, qui ne voit que l'œuvre de la civilisation ne devait marcher qu'à pas lents, suivant la loi inexorable d'un progrès insensible dès l'origine, et dans tous les cas graduel et successif? Les grandes choses ne naissent pas spontanément et d'un seul jet ?

Mais quoi de plus grand entre toutes ces choses que l'implantation sur un sol jusque-là réfractaire ou inculte, d'une justice régulière, fortement organisée, établie à l'instar de la Justice française !

Et pourtant, telle est la sève puissante, telle est la force irrésistible d'assimilation de notre civilisation que, non contente de s'assimiler, dans certaines limites, les us et coutumes, ou si vous le voulez, les institutions de la Justice musulmane, elle n'a pas craint, et nous l'en félicitons, d'entreprendre une œuvre bien autrement difficile, l'œuvre de l'identification complète, de l'*unification* de cette justice avec la nôtre.

C'est que, presque toujours, la France estime comme le César de Lucain, que pour elle, rien n'est fait tant qu'il reste encore quelque chose à faire :

Nil acti reputans, si quid superesset agendum !

Quoi qu'il en soit, on comprendra maintenant pourquoi le législateur français, quand il s'est agi de l'organisation de la Justice musulmane en Algérie, a dû tout à la fois regarder vers le passé et vers l'avenir ; — vers le passé, pour en vaincre les résistances et assurer la réalisation des améliorations réclamées par le présent ; — vers l'avenir, pour amener, fondre, et absorber dans son sein fécond et régénérateur, toutes les énergies vitales et propres à subir l'effet transformateur de l'intervention de la France.

Non placet Janus in legibus, a dit Bacon. — Oui ! mais hors le cas où le délicat et difficile rôle de conciliateur du passé et de l'avenir est imposé au législateur par des circonstances exceptionnelles.

Mais ces circonstances, quant à l'Algérie, tout le monde les connaît, et personne, j'en suis sûr, ne sera tenté d'en nier l'impérieuse nécessité.

Or, c'est surtout à raison des nominations des cadis qu'il importe de signaler leur inévitable influence.

Car, ne nous le dissimulons pas, du choix des cadis, véritable *caput et fondamentum* de la Justice musulmane, dépendra le sort de cette Justice, tant à l'égard du passé qu'à l'égard de l'avenir.

Suivant que le Cadi sera plus ou moins — l'homme du progrès et de la forme, l'homme de l'avenir, ou tout au moins, du présent, — ou bien, au contraire, l'homme du stationnement et des traditions du despotisme, l'homme du passé, rétif à tout ce qui n'est pas lui, — il sera un instrument de civilisation ou de barbarie, — une attache inflexible des temps qui ne sont plus, ou un actif promoteur des temps qui ne sont pas encore, — un auxiliaire de la France, ou un obstacle à ses desseins.

Voilà pour le cadi politiquement considéré.

Que dirons-nous du cadi sous le rapport exclusivement judiciaire ?

Que le cadi soit intelligent, instruit et moral! quelles que soient les différences qui régnent entre le droit musulman et le droit français, ces différences, croyez-le bien, s'effaceront insensiblement sous la main aussi habile qu'équitable de ce magistrat, et dans ses jugements vous remarquerez ce que nous y avons souvent remarqué nous-mêmes, cet esprit d'équité selon la loi, qui, d'après notre immortel Cujas, constitue le droit par excellence.

Mais, au lieu d'un tel cadi, ayez un cadi inintelligent, peu ou point instruit, immoral ! — Sous les apparences, sous la forme du droit et de la justice, ses décisions couvriront un fond, malheureusement trop réel, d'injusti-

ces et d'iniquités, et les récriminations dont il sera infail_
liblement l'objet, de la part de ses justiciables, rejailli-
ront comme une source intarissable de mécontente-
ments, de plaintes et de malédictions, sur le pouvoir *cou-
pable* involontairement de l'avoir nommé !

Qu'ajouter à ce qui précède ? si l'on a dit justement
de nos propres institutions : tant vaut l'homme, tant
vaut la chose, ou l'institution elle-même, à combien
plus forte raison, pourrons-nous le dire du cadiat et du
cadi ?

Le cadiat, ne l'oublions pas, c'est le cadi, et le cadi
c'est, pour les musulmans, la justice.

Ces préliminaires posés, examinons si le mode actuel
de nomination de Cadi convient de tout point à la pensée présente et aux vues ultérieures du législateur algérien, et, en cas de négative, quel est celui qu'il fau-
drait lui substituer.

Jetons d'abord un rapide coup-d'œil sur le mode de
nomination avant la Conquête.

II.

Qui nommait le Cadi en Algérie ?
Etait-ce la volonté du prince ?
Etait-ce la volonté du peuple ?
Etait-ce le pouvoir ?
Etait-ce l'élection ?

Pour qui est quelque peu versé dans l'histoire des
gouvernements orientaux, la réponse n'est pas dou-
teuse.

Là où toute l'autorité réside dans la main d'un seul, comment concevoir que rien de ce qui se rattache à l'autorité judiciaire échappe à l'autocratie du Souverain ?

Et d'ailleurs, interrogez l'histoire !

Si haut que vous remontiez dans les annales de l'Islam, vous rencontrerez partout ce fait universel, invariable, en quelque sorte primordial et nécessaire, résultat spontané et logiquement contenu dans l'idée de toute société empreinte d'un caractère patriarcal, et vivant plutôt à l'état de tribu qu'à l'état de nation pleinement organisée : — la justice personnellement rendue par le prince ou par les délégués du prince. — Et, chose singulière, et qui prouve, n'en déplaise à l'impitoyable et *an-archique* radicalisme de Proudon, combien cette idée et ce fait tiennent aux entrailles même de l'humanité! le même phénomène social se reproduit chez les nations orientales de nos jours! Elles aussi, tout comme la famille, tout comme la tribu, tout comme le peuple de l'Orient, proclament, à titre d'article fondamental de leur *credo* politique, que toute justice émane du chef de l'Etat.

Mais là surtout où le pouvoir civil et religieux, le pouvoir sous toutes ses formes et avec toutes ses ramifications repose dans une seule et même main, là se révèle ce phénomène. Tout à la fois Pontife et Roi, le Prince, peu importe le nom, y exerce une autorité souveraine et sans partage. Vrai représentant du Dieu tout puissant sur la terre, il est omnipotent comme lui, et sa volonté y tient lieu de raison, ou plutôt y est la raison

même et, par suite, la loi, le droit, la justice. Tels les juges et les rois d'Israël, tels les chefs de tous les gouvernements théocratiques, tels enfin, pour ne parler que
des gouvernements musulmans, tels les califes, les sul-
tans et les deys.

Mais est-ce à dire que, source suprême de la justice,
ils s'arrogent le droit d'appeler qui il leur plaît aux fonctions judiciaires, sans conditions préalables, en vertu de
leur seule omnipotence?

Sans doute, les exemples d'un pareil arbitraire four-
millent dans l'histoire des pays musulmans, et aujour-
d'hui encore, dans celui qui occupe le premier rang
parmi eux, dans cet empire de Turquie qui, en tant de
choses, cherche à marcher sur les traces des pays consti-
tutionnels, ou tout au moins des monarchies tempérées
de l'Occident. — Si on y regarde de près, et qu'on ne
se laisse pas séduire par le mirage trompeur d'un su-
perficiel replâtrage, on y découvre bien vite et trop souvent dans les actes de nomination des Cadis l'empreinte
de l'autocratie et du despotisme.

Et pourtant, gardons-nous de conclure que ces actes
aient été entièrement livrés au bon plaisir du chef de
l'Etat! Il y a quelque chose de plus fort et de plus puissant que l'amour et même l'excès du pouvoir! C'est le
besoin de la règle, la nécessité de l'ordre, le règne in-
dispensable de la justice.

Aussi, depuis Mahomet jusqu'au calife Omar, depuis
Omar jusqu'au sultan Mahmoud, -sous l'empire d'Aaroun
El Raschid de même que sous celui de Tamerlan, —
voyons-nous que toujours et partout la nomination des

magistrats judiciaires ou des cadis a été de par la loi,
la coutume ou le *kanoun*, précédé de certaines épreuves, soumises à certaines conditions.

Il en devait être, et il en était ainsi dans la Régence
d'Alger. Rameau sorti de la tige musulmane par excellence, la Régence, sous ce rapport comme sous beaucoup d'autres, ne différait presque en rien de la Porte
sa suzeraine. Il est même à remarquer que, dans l'origine, si nous nous en fions à la naïve histoire d'Alger, par
Laugier de Tassy, le Cadi d'Alger, le grand Cadi,
personnification supérieure de la magistrature judiciaire
dans la capitale de la Régence, était nommé et *envoyé*
par le sultan de Constantinople, après avoir été approu-
vé par le grand Muphti ou Patriarche ottoman siégeant
dans cette ville

Nul doute que les autres cadis, les cadis d'un ordre inférieur, ne fussent nommés sans approbation préalable, par les deys investis à l'instar du Sultan son maître et seigneur de la souveraineté temporelle, et plus
que lui, grâce à l'absence du corps des Ulémas, de la
souveraineté spirituelle. Le Dey nommait et révoquait à
son gré les cadis d'Alger, et déléguait à un haut fonc-
tionnaire, à un Agha *extérieur*, sorte de ministre des affaires autres que celles d'Alger même, le pouvoir de
nommer et de révoquer les Cadis du dehors.

Mais, on le pressent, si, pour tous les cadis en général, il y avait un choix à faire, si ce choix était, par l'u-
sage plus encore que par la loi proprement dite, circon-
scrit dans un certain cercle de personnes, il arrivait
souvent, et nous ne craignons pas de dire *le plus sou-*

vent, que la nomination de tous les cadis indistinctement, hors peut-être celui d'Alger, n'avait d'autre motif que l'arbitraire ou l'intérêt du Dey, d'autre règle que
le caprice de sa volonté, ou, ce qui est la même chose,
de la volonté de ses délégués.

Assurément, le Cadi d'Alger était d'ordinaire un élève des *Médersas* du Caire ou d'Alexandrie, désigné au
choix de Sa Hautesse, par les Ulémas ou les Tolbas de
l'Egypte.— Assurément encore, les Cadis, autres que le
Cadi d'Alger, devaient être pris par l'Agha parmi les gens
d'une science et d'une probité reconnues, et préalablement agréés, après examen, par le medjelès d'Alger, de
Constantine ou d'Oran, suivant les circonstances. Mais
demandez à nos vieux Algériens si les choses se
pratiquaient toujours de la sorte ! Demandez-leur si la
faveur, l'intrigue, la partialité, la cupidité de ceux
qui désignaient les Cadis et de ceux qui les examinaient,
les approuvaient et les nommaient, ne faisaient pas habituellement brèche à tout principe et à toute règle en
matière de nomination des cadis, et, je n'en doute pas
tous vous répondront comme à nous-même, qu'à l'ombre d'une apparente et sûre organisation du personnel
de la justice, régnait en réalité la confusion du despotisme et l'incertitude de l'arbitraire.

A Dieu ne plaise que nous enveloppions dans une
accusation générale de prévarication et d'injustice tous
les cadis, sans exception, de l'ancienne Régence ! Dans
le nombre, nous aimons à le croire, plus d'un honorait
ses fonctions par la culture de son esprit, la rectitude de sa raison, l'impartialité de ses décisions, et,
pourquoi le tairions-nous ? il est tel d'entre eux qui ne

l'eût cédé en rien aux meilleurs cadis que la France ait jamais donnés aux Musulmans de l'Algérie, et méritait, comme les témoins classiques, d'être réputé *omni exceptione major !* Mais, toujours est-il que, dans l'opinion publique, presque tous étaient stigmatisés du reproche de vénalité, et qu'on comptait trop facilement, hélas ! ceux qui avaient échappé, ou, plus exactement, passaient pour avoir échappé à la contagion générale.

Et puis, il faut le reconnaître, le mal était aussi ancien que répandu. Sur ce point encore, nous renverrions volontiers nos lecteurs aux souvenirs et aux traditions de la Régence. Mais nous préférons mettre sous leurs yeux le témoignage d'une illustration musulmane qui, certes, connaissait à fond les plaies du Cadhiat de son temps.

Un des amis de Kheder-Bey disait un jour à ce haut dignitaire de l'empire des Osmanlis, au sein d'une nombreuse société, qu'à ses yeux la charge de cadhi n'était jamais plus difficile que lorsque le magistrat était en présence des deux parties, dont l'une était riche et l'autre était pauvre.

Or, savez-vous ce que répondit Kheder-Bey? Le voici : « Il est clair que le riche gagnera sa cause et que le pauvre la perdra. Mais, répliqua-t-il, la difficulté de juger sera bien plus grande encore, si les deux parties sont également riches et puissantes. — Qu'un pauvre plaide contre un riche, à coup sûr le cadi le condamnera. — Mais si, riche vous-même vous plaidez contre une partie aussi riche que vous, vous n'aurez qu'une chose à faire. — Laquelle? — Vous désister, ou vous jeter aux pieds de votre adversaire: vous en obtiendrez plus de justice que du cadi. »

Encore un coup, nous n'entendons pas assimiler de tout point des personnes et des choses entre lesquelles n'existent, Dieu merci, que de simples rapports d'analogie. Mais nous le demandons à quiconque a conservé le souvenir de procès récents où se sont dévoilés aux yeux de la Justice française les maux invétérés, pour ne rien dire de plus, qui rongent, en plus d'un lieu, la justice musulmane: ne sommes-nous pas, malheureusement, trop fondé à nous permettre des soupçons, d'autres diraient des reproches, là où Kheder-Bey affirmait si haut des plaintes et des accusations ?

Mais laissons là le passé et ne lui empruntons que ce qui est rigoureusement nécessaire pour comprendre le présent et préparer l'avenir.

Évidemment, la nomination de cadi sous le dey ne présentait pas, en fait, les garanties voulues dans l'intérêt de la justice et des justiciables.

Peut-on en dire autant depuis la Conquête?

C'est ce qu'il s'agit d'examiner.

III.

S'il est un fait certain et que constatent unanimement tous les documents de l'histoire judiciaire de l'Algérie, c'est que, dès le lendemain de la prise d'Alger, tout comme de nos jours, les cadis ont été promus à leurs graves fonctions par des actes de la puissance gouvernementale de la colonie, par des arrêtés du Gouverneur général.

A la vérité, l'art. 12 du décret du 31 décembre 1859 on avait délégué la nomination au ministre de l'Algérie et des colonies; mais on sait qu'aujourd'hui cette délégation est passée dans les mains du Gouverneur général.

Mais, nous l'avons déjà dit, un fait non moins certain et non moins unanimement constaté, c'est celui-ci : jusqu'à ce jour, aucun réglement organique n'a posé ni déterminé les conditions de nomination de ces magistrats.

Comment donc l'autorité française a-t-elle procédé à cette nomination? De la même façon que l'autorité turque?

Oui et non.

Oui, en ce sens que, pas plus que celle-ci, elle n'a suivi aucun mode légalement défini et invariablement tracé d'avance, et s'en est référée à des coutumes et à des traditions, à des renseignements officieux et discrétionnaires, plutôt qu'à des régles, à des lois ou à des informations légales et *préconstituées*.

Non, et c'est de quoi nous la félicitons, en ce sens qu'autant que la chose lui a été possible, elle a usé de sa haute et morale influence pour ne donner à la Justice musulmane que des magistrats dignes d'elle et dignes de la France.

Hâtons-nous de le dire, grâce au décret de 1859, dont l'art. 8 a, suivant nous, fort heureusement établi et réparti, d'après les circonstances territoriales, la surveillance des tribunaux indigènes, nous avons lieu d'espérer que désormais l'Algérie ne sera plus que de loin en loin, affligée des scandales judiciaires que nous n'avons pas besoin de rappeler.

Et, cependant, nul ne pourra le contester, cette surveillance, tant *préventive* que *répressive*, serait bien certainement efficace si, au lieu de ne s'exercer que sur des hommes que Benthain eût appelé *fortuitement* instruits et probes, s'appliquait à des hommes *légalement*, *réglementairement* doués de toutes les qualités intellectuelles et morales, constatées par des études préalables et suivies d'un examen scientifique et d'une information morale dans les conditions les plus propres à faire connaître l'aptitude du candidat aux fonctions qu'il ambitionne. Alors on pourrait exiger des candidats du *cadiat* ce qu'exigeait Quintilien des témoins romains : *multùm domi antè versandi, variis percontationibus explorandi !*

Or, ces études, cet examen, cette information, on a cherché et on cherche encore aujourd'hui à y suppléer, soit par une sorte de commune renommée, soit par des semblants d'épreuves, soit enfin par des renseignements pris aux meilleures sources. Il y a plus : les magistrats ou fonctionnaires qui désignent ou proposent les candidats de la Justice musulmane, ont apporté et apportent une attention spéciale à doter cette justice de magistrats éclairés et intègres et, autant que possible, façonnés à l'image des magistrats français.

Tout cela est bon, tout cela est excellent; mais il nous semble qu'il y a mieux à faire. Qu'on continue ce qu'on a commencé au point de vue de l'assimilation de la no-

mination des magistrats indigènes avec la nomination
de nos magistrats, c'est bien ! Mais qu'on songe qu'à la
différence de ces derniers, les magistrats indigènes ont
besoin, pour être appréciés par l'autorité coloniale, tant
sous le rapport des connaissances juridiques que sous
celui des conditions de probité et de moralité, d'un réglement spécial qui détermine nettement les uns et les
autres, en même temps, que les études, les examens et
les informations de nature à les constater.

Mais, nous objectera-t-on, comment faire cette cons-
tation ? Qui en chargerez-vous en dehors des Indigènes
eux-mêmes ? Quel est le Français capable d'être utile-
ment, efficacement, membre d'une commission d'examen, etc. ? Il ne s'agit pas, ici, que de la connaissance de
la langue arabe ! Il faut encore connaître la loi musulmane ! — Et puis, qui est-ce qui lui permettra de déter-
miner avec certitude le caractère et la moralité d'un
candidat indigène ?

Cette objection est une exagération et rien de plus !
— Est-ce que par hasard nous prétendons que la magistrature musulmane pourra, quant à présent, fournir
les mêmes garanties que le magistrat français ? Est-ce
que nous ne confessons pas bien haut notre impuissance
relative à exiger de l'un tout ce que nous pouvons exiger de l'autre ? Est-ce qu'enfin nous ne faisons pas, sans
hésiter, la part des différences de civilisation morale et
intellectuelle, naissant de circonstances exceptionnelles ?

Pas d'équivoque ! Ce que nous demandons, c'est qu'on
ne s'effraie pas outre mesure de ces difficultés : c'est que,
ne pouvant pas encore faire tout ce qu'on veut, on fasse

au moins ce que l'on peut; c'est, en un mot, qu'on s'efforce résolûment d'entrer dans une voie à peine frayée à cette heure, et que, plus tard sans doute, on pourra parcourir en entier!

Dès à présent, il est facile de fixer les conditions d'âge, de fortune, de rang social que devront remplir les Cadis-Aspirants au cadiat. Quant aux conditions de moralité et de science, elles pourraient être vérifiées, reconnues et proclamées par une commission *ad hoc*, composée des plus notables personnages musulmans, d'une circonscription judiciaire, et présidée par un Français connaissant la langue arabe, magistrat, si c'est possible, — et, dans le cas contraire, accompagnée d'un magistrat possédant les éléments de la législation, ou plutôt, de la jurisprudence musulmane.

On le voit, nous nous contentons de semer, en passant, le germe d'une idée que nous croyons aussi réalisable que bonne. Il nous serait aisé de la développer. Mais nous craindrions de dépasser le but modeste de cette Étude.

Aussi bien, maintenant, que nous savons ce qu'est un Cadi, quels sont ses devoirs, le mode de sa nomination, avant et depuis la Conquête, il nous tarde de terminer cette première partie de nos *Esquisses* par l'indication succincte des droits du Cadi en Algérie, soit d'après la loi musulmane, soit d'après la loi française elle-même. Commençons par la loi musulmane.

IV.

Nous regrettons de ne pouvoir résumer ici divers ouvrages spéciaux publiés sous le titre de : *Adab el Cadhi*, par des écrivains musulmans, sur les qualités et les fonctions des cadis ou juges, et entre autres celui de l'iman Abouker Mohamed ben Ali, surnommé el Kaffal (le serrurier), concernant les Cadis Schaffeïtes. (Ce jurisconsulte fut un des plus célèbres disciples de Maleki, le fondateur du rit généralement suivi en Algérie.)

Mais heureusement ces Traités, esp ècesde *De Officiis* des magistrats musulmans, ont été analysés de main de maître par Sidi Khelil dans le xxxviii° chapitre de son *Mockhtassar*. C'est surtout de cet ouvrage et de ses commentaires que nous avons extrait ce qu'on va lire.

Comme, en vertu, tout à la fois, d'un pouvoir civil et religieux, le Cadi a droit à être respecté de tous ceux qui comparaissent devant lui, quiconque en sa présence, et dans l'exercice de ses fonctions, lui manque de respect, ou injurie soit la partie adverse, soit les témoins, soit un muphti, peut être puni par lui même corporellement.

Si quelqu'un est l'objet d'une plainte sérieuse ou paraissant fondée, quoique non encore prouvée, — refuse ou diffère de payer une dette légitime, — cherche à se soustraire à l'exécution d'une condamnation judiciaire, ou fait un faux témoignage, le Cadi a le droit ou de le faire emprisonner, ou même de lui infliger la bastonnade.

Il a également le droit de se choisir et de nommer un écrivain ou greffier (khodja), probe et consciencieux, et un enquêteur dont la mission est de l'informer de tout ce qui a trait à la véracité des témoins, — un drogman ou interprète (turdjoman) — un individu chargé de prononcer les serments au nom des absents, — de s'entourer des oulemas, ou tout au moins des personnes les plus considérées et les plus recommandables de sa circonscription ou de son arrondissement, — et enfin, d'avoir des serviteurs (hadjib ou aïoums), pour l'exécution de ses ordres et de ses sentences.

Il a aussi le droit de s'immiscer d'office dans toutes affaires de tutelle et de curatelle, ou relatives aux captifs.

Peut-il demander une rétribution pour ses décisions? Oui, d'après le rite hanefi, mais dans le cas seulement où il n'a pas de fortune.

Dans tous les cas, et conformément à ce qui se pratique parmi les sectes azemites et schafeïtes, le Cadi doit être rétribué par l'Etat ou le Beit-el-Mal. — Il ne pourrait recevoir quelque chose du plaideur à titre de bonification ou d'épices, que si le Beit-el-Mal ne le rétribuait que d'une manière insuffisante.

Tels sont les principaux droits du Cadi aux termes de la loi musulmane.

Quels sont-ils d'après la loi française?

V.

L'art. 25 du décret réorganisateur de 1859 maintient les dispositions de la loi musulmane et les usages lo-

caux concernant, entre autres choses, les débats, la te-
nue et la police des audiences.

L'art. 38 du même décret conserve le mode d'exécution des jugements définitifs des Cadis, tel qu'il était
en vigueur au moment de la promulgation du nouveau
décret.

D'après l'art. 40, le Cadi procède, sous la surveillance
de l'administration des Domaines, à la liquidation et au
partage de toutes successions musulmanes qui intéres-
ressent le Beit-el-Mal ou les absents, et nous croyons
pouvoir y ajouter les mineurs.

L'article suivant leur confère le droit de recevoir les
dépôts de toute nature.

Tous les employés de la Mahackma, Adels, Khodjas,
Aïoums ou huissiers, Chaouchs, sont nommés, suspendus ou révoqués; les adels et sans doute aussi les khodjas, par la même autorité que les cadis eux-mêmes, —
les aïoums et les chaouchs, en territoire civil, par le Procureur général, et en territoire militaire, par le Général
commandant la division, sauf consultation préalable du
Procureur général, s'il s'agit des aïoums.

En tant que juge, le Cadi ne peut rien recevoir au-
delà du traitement que lui donne l'État, et, en tant que
notaire, au-delà du tarif établi pour les frais et hono-
raires dus par les parties et dont le montant est réparti,
entre le cadi et ses adels, dans les proportions déterminées par ce tarif.

Enfin, en tant que juge, le Cadi a le droit de se pouvoir être traduit en justice qu'après autorisation préalable du Gouverneur général (art. 8).

Du reste, et c'est ce qu'indique assez les termes et l'esprit du décret, tous les droits et devoirs des cadis demeurent ce qu'ils étaient avant le décret de 1889, sauf les modifications résultant de ce décret.

C'est ainsi, pour nous borner à un seul exemple, que le Cadi reste tuteur légal de tous les mineurs musulmans de sa circonscription, et cela, conformément aux prescriptions de la loi musulmane.

———

On l'a sans doute remarqué, négligeant à dessein tout ce qui se rapporte à l'*action* du Cadi comme juge et comme notaire, nous n'avons parlé que de ses devoirs et de ses droits en général. Mais nous croyons que ce que nous avons dit convaincra tout homme de bonne foi que ces droits et ces devoirs sont trop importants pour ne pas provoquer, de la part de l'Autorité, le règlement organique des conditions d'admission aux fonctions de Cadi.

Nous réservons pour une nouvelle Étude tout ce qui a trait à l'exercice de ses fonctions et de celles des membres et auxiliaires de la mahakma du Cadi. Là, nous exposerons les règles de la procédure devant les tribunaux indigènes, et nous espérons qu'elles nous fourniront l'occasion toute naturelle de révéler des textes, des usages ou des pratiques, aussi intéressants pour les esprits avides d'instruction que piquants pour les esprits curieux, et utiles pour quiconque veut concourir sérieusement au progrès de l'assimilation de la justice et de la magistrature indigène, avec la magistrature et la justice française en Algérie.

Avons-nous besoin d'ajouter que, pour ne pas rester trop en arrière de ce triple but, nous nous efforcerons de faire, pour ainsi dire, marcher de conserve, les prescriptions de la loi française et de la loi musulmane, — éclairant, expliquant, commentant, la première par la seconde, et réciproquement ?

Ou nous nous trompons étrangement, ou par ce procédé comparatif et critique, nous réussirons, d'une part, à *montrer* ce qu'est la justice musulmane réorganisée par le décret de 1849, et d'autre part, à *démontrer* ce qu'elle pourrait être.

Après le tour de la *Justice*, viendra celui de la *Loi* musulmane.

Puis, si ces simples Esquisses obtiennent quelque succès ou quelque encouragement, nous en consacrerons de nouvelles à ce qu'à tort ou à raison, on est convenu de nommer le *Droit musulman*. — Justice, Loi, Droit des Musulmans Indigènes, — telle est la trilogie que nous avons entreprise, et dont la présente Étude n'est guère que l'humble frontispice. Puisse l'insuffisance de nos forces ne pas trahir, trop ostensiblement, la grandeur d'une tâche aussi difficile que belle !

Documents manquants (pages, cahiers...)
NF Z 43-120-13